Le Passioni

Anna de Noailles

traduzione di Giuliano Brenna

LaRecherche.it
Copyright © 2016 Giuliano Brenna
Tutti i diritti riservati.

Poesie tratte da *Les Vivants et les Morts*
I capitolo, *Les Passions*
Arthème Fayard & CIE, Éditeurs (Paris, 1913)

Traduzione di Giuliano Brenna

In copertina, fotografia di Roberto Maggiani

ISBN-13: 978-1533042859
ISBN-10: 1533042853

Dedicato a Rosetta Signorini

Anna de Noailles

Solitaire, nomade et toujours étonnée,
Je n'ai pas d'avenir et je n'ai pas de toit,
J'ai peur de la maison, de l'heure et de l'année
Où je devrai souffrir de toi.

Anna de Noailles

Anna de Noailles

TU VIS, JE BOIS L'AZUR...

Tu vis, je bois l'azur qu'épanche ton visage,
Ton rire me nourrit comme d'un blé plus fin,
Je ne sais pas le jour, où, moins sûr et moins sage,
  Tu me feras mourir de faim.

Solitaire, nomade et toujours étonnée,
Je n'ai pas d'avenir et je n'ai pas de toit,
J'ai peur de la maison, de l'heure et de l'année
  Où je devrai souffrir de toi.

Même quand je te vois dans l'air qui m'environne,
Quand tu sembles meilleur que mon cœur ne rêva,
Quelque chose de toi sans cesse m'abandonne,
  Car rien qu'en vivant tu t'en vas.

Tu t'en vas, et je suis comme ces chiens farouches
Qui, le front sur le sable où luit un soleil blanc,
Cherchent à retenir dans leur errante bouche
  L'ombre d'un papillon volant.

Tu t'en vas, cher navire, et la mer qui te berce
Te vante de lointains et plus brûlants transports.
Pourtant, la cargaison du monde se déverse
  Dans mon vaste et tranquille port.

Ne bouge plus, ton souffle impatient, tes gestes
Ressemblent à la source écartant les roseaux.
Tout est aride et nu hors de mon âme, reste
  Dans l'ouragan de mon repos!

Quel voyage vaudrait ce que mes yeux t'apprennent,
Quand mes regards joyeux font jaillir dans les tiens
Les soirs de Galata, les forêts des Ardennes,
      Les lotus des fleuves indiens?

Hélas! quand ton élan, quand ton départ m'oppresse,
Quand je ne peux t'avoir dans l'espace où tu cours,
Je songe à la terrible et funèbre paresse
      Qui viendra t'engourdir un jour.

Toi si gai, si content, si rapide et si brave,
Qui règnes sur l'espoir ainsi qu'un conquérant,
Tu rejoindras aussi ce grand peuple d'esclaves
      Qui gît, muet et tolérant.

Je le vois comme un point délicat et solide
Par delà les instants, les horizons, les eaux,
Isolé, fascinant comme les Pyramides,
      Ton étroit et fixe tombeau;

Et je regarde avec une affreuse tristesse,
Au bout d'un avenir que je ne verrai pas,
Ce mur qui te résiste et ce lieu où tu cesses,
      Ce lit où s'arrêtent tes pas!

Tu seras mort, ainsi que David, qu'Alexandre,
Mort comme le Thébain lançant ses javelots,
Comme ce danseur grec dont j'ai pesé la cendre
      Dans un musée, au bord des flots.

– J'ai vu sous le soleil d'un antique rivage
Qui subit la chaleur comme un céleste affront,

Des squelettes légers au fond des sarcophages,
　　　Et j'ai touché leurs faibles fronts.

Et je savais que moi, qui contemplais ces restes,
J'étais déjà ce mort, mais encor palpitant,
Car de ces ossements à mon corps tendre et preste
　　　Il faut le cours d'un peu de temps…

Je l'accepte pour moi ce sort si noir, si rude,
Je veux être ces yeux que l'infini creusait;
Mais, palmier de ma joie et de ma solitude,
　　　Vous avec qui je me taisais,

Vous à qui j'ai donné, sans même vous le dire,
Comme un prince remet son épée au vainqueur,
La grâce de régner sur le mystique empire
　　　Où, comme un Nil, s'épand mon cœur,

Vous en qui, flot mouvant, j'ai brisé tout ensemble,
Mes rêves, mes défauts, ma peine et ma gaîté,
Comme un palais debout qui se défait et tremble
　　　Au miroir d'un lac agité,
Faut-il que vous aussi, le Destin vous enrôle
Dans cette armée en proie aux livides torpeurs,
Et que, réduit, le cou rentré dans les épaules,
　　　Vous ayez l'aspect de la peur?

Que plus froid que le froid, sans regard, sans oreille,
Germe qui se rendort dans l'œuf universel,
Vous soyez cette cire âcre, dont les abeilles
　　　Ecartent leur vol fraternel!

N'est-il pas suffisant que déjà moi je parte,
Que j'aille me mêler aux fantômes hagards,
Moi qui, plus qu'Andromaque et qu'Hélène de Sparte,
      Ai vu guerroyer des regards?

Mon enfant, je me hais, je méprise mon âme,
Ce détestable orgueil qu'ont les filles des rois,
Puisque je ne peux pas être un rempart de flamme
      Entre la triste mort et toi!

Mais puisque tout survit, que rien de nous ne passe,
Je songe, sous les cieux où la nuit va venir,
A cette éternité du temps et de l'espace
      Dont tu ne pourras pas sortir.

– O beauté des printemps, alacrité des neiges,
Rassurantes parois du vase immense et clos
Où, comme de joyeux et fidèles arpèges,
      Tout monte et chante sans repos!...

TU VIVI, IO BEVO L'AZZURRO

Tu vivi, io bevo l'azzurro che si spande dal tuo viso,
il tuo sorriso mi nutre come il migliore grano,
non so il giorno, in cui, meno certo e meno buono,
    mi farai morire di fame.

Solitaria, nomade e sempre attonita,
non ho avvenire e non ho un tetto,
ho paura della casa, dell'ora e dell'anno
    in cui dovrò soffrire per te.

Come quando ti vedo nell'aria che mi circonda,
quando sembri migliore di come il mio cuore sogni,
qualcosa di te senza sosta m'abbandona,
    perché null'altro che vivendo te ne vai.

Te ne vai e io sono come quei cani selvatici
che, la fronte sulla sabbia dove riluce un sole bianco,
cercano di trattenere nella loro bocca randagia
    l'ombra di una farfalla in volo.

Te ne vai, caro naviglio, ed il mare che ti culla
ti loda lontani e più ardenti trasporti.
Eppure, il peso del mondo si scarica
    nel mio vasto e tranquillo porto.

Non si muove più, il tuo alito impaziente, i tuoi gesti
assomigliano alla sorgente che abbandona i giunchi.
Tutto è arido e nudo fuori della mia anima, resta
    nell'uragano del mio riposo!

Quale viaggio varrebbe ciò che i miei occhi ti comunicano,
quando i miei sguardi gioiosi fanno scaturire nei tuoi
le sere di Galata, le foreste delle Ardenne,
    i loti dei fiumi indiani?

Ahimè! Quando il tuo impeto, quando la tua partenza
m'opprimono,
quando non posso averti nello spazio dove ti muovi,
io penso alla terribile e funesta pigrizia
    che un giorno ti farà intorpidire.

Tu sì gaio, sì contento, sì svelto e prode,
che regni sulla speranza come un conquistatore,
ti unirai anche a questo vasto popolo di schiavi
    che giace, muto e tollerante.

Io lo vedo come un punto delicato e solido
oltre gli istanti, gli orizzonti, le acque,
isolato, affascinante come le Piramidi
    il tuo stretto e fisso sepolcro;

E guardo con spaventata tristezza,
la fine d'un avvenire che io non vedrò,
questo muro che ti resiste e questo luogo dove tu termini,
    questo letto dove s'arrestano i tuoi passi!
Tu sarai morto, come Davide, come Alessandro,
morto come il Tebano che lancia i suoi giavellotti,
come quel danzatore greco di cui ho soppesato le ceneri
    in un museo in riva al mare.

– Ho visto sotto il sole d'un antico lido
che tollera il calore come affronto celeste,

dei leggeri scheletri sul fondo di sarcofaghi,
    ed ho toccato le loro fragili fronti.

E sapevo che, io che contemplavo quei resti,
ero già morta, ma ancora palpitante,
poiché a quelle ossa il mio corpo tende e s'affretta
    ci vuole solo un poco di tempo…

Io l'accetto per me, questa sorte così nera, così aspra,
io voglio essere quegli occhi che l'infinito ha scavato;
ma, palma della mia gioia e solitudine,
    con te ammutolivo,

Ti ho donato, senza nemmeno dirtelo,
come un principe offre la sua spada al vincitore,
la grazia di regnare sul mistico impero
    dove, come il Nilo, s'espande il mio cuore.

In te, flutto instabile, ho infranto tutti insieme
i miei sogni, i miei difetti, le mie pene e la mia gaiezza,
come un palazzo che si disfa e trema innanzi
    lo specchio di un lago agitato,
Bisogna dunque, che il destino ti arruoli
in questa armata preda di lividi torpori,
e, rimpicciolito, il collo rientrato nelle spalle,
    avresti l'aspetto della paura?

Che più freddo del freddo, senza sguardo, senza orecchie,
germoglio che si riaddormenta nell'uovo universale,
saresti quella cera acre, da cui le api
    sviano il loro fraterno volo?

Non è sufficiente che io già parta,
che vada a mischiarmi a fantasmi afflitti,
io che, più di Andromaca ed Elena di Sparta
    ho visto il guerreggiare degli sguardi?

Mio bimbo, io mi odio, disprezzo il mio spirito,
quel detestabile orgoglio che hanno le figlie dei re,
poiché non posso essere un baluardo di fiamma
    tra la bigia morte e te!

Ma poiché tutto sopravvive, nulla di noi passa,
sogno, sotto i cieli dove la notte s'avvicina,
questa eternità del tempo e dello spazio
    da cui non ti potrai allontanare.

Oh bellezza delle primavere, vivacità delle nevi,
rassicuranti pareti del vaso immenso e chiuso
onde, come gioiosi e fedeli arpeggi,
    tutto s'eleva e canta senza posa!...

J'AI TANT RÊVÉ PAR VOUS...

J'ai tant rêvé par vous, et d'un cœur si prodigue,
Qu'il m'a fallu vous vaincre ainsi qu'en un combat;
J'ai construit ma raison comme on fait une digue,
Pour que l'eau de la mer ne m'envahisse pas.

J'avais tant confondu votre aspect et le monde,
Les senteurs que l'espace échangeait avec vous,
Que, dans ma solitude éparse et vagabonde,
J'ai partout retrouvé vos mains et vos genoux.

Je vous voyais pareil à la neuve campagne,
Réticente et gonflée au mois de mars; pareil
Au lis, dans le sermon divin sur la montagne;
Pareil à ces soirs clairs qui tombent du soleil;

Pareil au groupe étroit de l'agneau et du pâtre,
Et vos yeux, où le temps flâne et semble en retard,
M'enveloppaient ainsi que ces vapeurs bleuâtres
Qui s'échappent des bois comme un plus long regard.

Si j'avais, chaque fois que la douleur s'exhale,
Ajouté quelque pierre à quelque monument,
Mon amour monterait comme une cathédrale
Compacte, transparente, où Dieu luit par moment.

Aussi, quand vous viendrez, je serai triste et sage,
Je me tairai, je veux, les yeux larges ouverts,
Regarder quel éclat a votre vrai visage,
Et si vous ressemblez à ce que j'ai souffert...

Anna de Noailles

HO TANTO SOGNATO DI TE...

Ho tanto sognato di te, e di un cuore talmente generoso,
che ho dovuto vincerti come in una lotta;
ho costruito la mia ragione come si fa d'una diga,
affinché l'acqua del mare non mi invadesse.

Avevo talmente confuso il tuo aspetto e il mondo,
i sentori che lo spazio scambiava con te,
che, nella mia solitudine dispersa e vagabonda,
ho ritrovato dovunque le tue mani e i tuoi ginocchi.

Io ti vedevo uguale alla campagna rinnovata
silenziosa e turgida nel mese di marzo; uguale
ai gigli del sermone divino della montagna;
uguale a queste chiare sere che il sole lascia cadere;

uguale al solido legame tra l'agnello e il pastore,
e i tuoi occhi nei quali il tempo indugia e sembra in ritardo
m'avviluppano come quei vapori bluastri
che sfuggono dai boschi come uno sguardo prolungato.

Se avessi, ogni volta che il dolore scaturisce,
aggiunto qualche pietra a qualche monumento,
il mio amore si sarebbe innalzato come una cattedrale
compatta, trasparente, dove Dio talvolta riluce.

Anche, quando verrai, sarò triste e sobria,
tacerò, lo voglio, i grandi occhi aperti,
guardare quale fulgore ha il tuo vero volto,
e così assomigli a quel che ho sofferto...

L'AMITIE

«Je t'apporte le prix de ton bienfait...»

Mon ami, vous mourrez, votre pensive tête
    Dispersera son feu,
Mais vous serez encor vivant comme vous êtes
    Si je survis un peu.

Un autre cœur au vôtre a pris tant de lumière
    Et de si beaux contours,
Que si ce n'est pas moi qui m'en vais la première,
    Je prolonge vos jours.

Le souffle de la vie entre deux cœurs peut être
    Si dûment mélangé,
Que l'un peut demeurer et l'autre disparaître
    Sans que rien soit changé;

Le jour où l'un se lève et devant l'autre passe
    Dans le noir paradis,
Vous ne serez plus jeune, et moi je serai lasse
    D'avoir beaucoup senti;

Je ne chercherai pas à retarder encore
    L'instant de n'être plus;
Ayant tout honoré, les couchants et l'aurore,
    La mort aussi m'a plu.

Bien des fronts sont glacés qui doivent nous attendre,
    Nous serons bien reçus,
La terre sera moins pesante à mon corps tendre
    Que quand j'étais dessus.

Sans remuer la lèvre et sans troubler personne,
    L'on poursuit ses débats;
Il règne un calme immense où le rêve résonne,
    Au royaume d'en-bas.

Le temps n'existe point, il n'est plus de distance
    Sous le sol noir et brun;
Un long couloir, uni, parcourt toute la France,
    Le monde ne fait qu'un;

C'est là, dans cette paix immuable et divine
    Où tout est éternel,
Que nous partagerons, âmes toujours voisines,
    Le froment et le sel.

Vous me direz: «Voyez, le printemps clair, immense,
    C'est ici qu'il naissait;
La vie est dans la mort, tout est, rien ne commence.»
    Je répondrai: «Je sais.»

Et puis, nous nous tairons; par habitude ancienne
    Vous direz: «A demain.»
Vous me tendrez votre âme et j'y mettrai la mienne,
    Puis, tenant votre main
Je verrai, déchirant les limbes et leurs portes,
    S'élançant de mes os,
Un rosier diriger sa marche sûre et forte
    Vers le soleil si beau...

L'AMICIZIA

«Je t'apporte le prix de ton bienfait»

Amico mio, muori, la tua testa pensierosa
    disperderà il suo fuoco,
ma tu sarai ancora vivo come sei
    se io sopravvivo un poco.

Un altro cuore ha ricevuto tanta luce dal tuo
    e dal tuo così bel profilo
che se non sono io quella che se ne va per prima
    prolungo i tuoi giorni.

L'alito della vita tra due cuori può essere
    cosi intimamente fuso
che l'uno può rimanere e l'altro scomparire
    senza che nulla sia cambiato;

Il giorno ove l'uno s'eleva e innanzi l'altro passa
    nel nero paradiso,
tu non sarai più giovane, ed io sarò stanca
    d'avere tanto provato;

Non cercherò di ritardare ancora
    l'istante del non esserci più;
avendo onorato tutto, i tramonti e l'alba,
    così anche la morte m'è piaciuta.

Come ci aspettavamo le fronti sono ghiacciate,
    saremo ben accolti,
la terra sarà sul mio molle corpo meno pesante
    di quando vi stavo sopra.

Senza muovere le labbra e senza disturbare nessuno
 si proseguono le discussioni
regna una calma immensa dove il sogno ragiona
 nel regno al di sotto.

Il tempo non esiste punto, non c'è più distanza
 sotto il suolo nero e scuro;
un lungo corridoio, unico, percorre tutta la Francia
 a tutti ne basta uno;

è la, in questa pace immutabile e divina
 dove tutto è eterno,
che noi condivideremo, anime sempre vicine,
 il frumento e il sale.

Tu mi dirai: "Vedi, la primavera chiara, immensa,
 è qui che e nata;
la vita è dentro la morte, tutto è, nulla comincia."
 Io risponderò: "Lo so".

E poi noi taceremo; per antica abitudine
 tu dirai: "A domani."
Mi porgerai la tua anima ed io vi metterò la mia,
 poi, tenendoti le mani
vedrò, lacerando il limbo e le sue porte,
 sorto dalle mie ossa,
un roseto dirigere il suo cammino sicuro e forte
 verso il sole così bello...

TU T'ELOIGNES, CHER ÊTRE...

Tu t'éloignes, cher être, et mon cœur assidu
Surveille ta présence, au lointain scintillante;
Te souviens-tu du temps où, les regards tendus
Vers l'espace, ma main entre tes mains gisante,
J'exigeai de régner sur la mer de Lépante,
Dans quelque baie heureuse, aux parfums suspendus,
Où l'orgueil et l'amour halettent confondus?

A présent, épuisée, immobile ou errante,
J'abdique sans effort le destin qui m'est dû.
Quel faste comblerait une âme indifférente?

Je n'ai besoin de rien, puisque je t'ai perdu...

T'ALLONTANI, CARO ESSERE…

Tu t'allontani, caro essere, ed il mio cuore incessante
sorveglia la tua presenza, nel lontano scintillante;
Ti ricordi del tempo quando, gli sguardi tesi
verso lo spazio, la mia mano abbandonata tra le tue mani,
anelavo regnare sul mare di Lepanto,
in qualche baia felice, dai profumi sospesi,
ove l'orgoglio e l'amore ansimano confusi?

Adesso spossata, immobile o errabonda,
abdico senza sforzo al destino che mi è dovuto.
Quale fasto colmerà un'anima indifferente?

Di nulla ho bisogno, poiché ti ho perduto…

J'ESPÈRE DE MOURIR...

J'espère de mourir d'une mort lente et forte,
Que mon esprit verra doucement approcher
Comme on voit une soeur entrebâiller la porte,
Qui sourit simplement et qui vient vous chercher.

Je lui dirai: Venez, chère mort, je vous aime,
Après mes longs travaux, voici vos nobles jeux.
J'ai longtemps refusé votre secours suprême,
Car si le corps est las, l'esprit est courageux.

Mais venez, délivrez un courage qui s'use,
Abrégez le combat, rendez à l'univers
L'immense poésie embuée et confuse
Dont mon âme et mon corps ont si longtemps souffert!

Les torrents des rochers, le sable blond des rives,
Les vaisseaux balancés, l'Automne dans les bois,
Les bêtes des forêts, surprises et captives,
Méditaient dans mon cœur et gémissaient en moi!

O mort, laissez-les fuir vers la forêt puissante,
Ces fauves compagnons de mon silence ardent!
Que leur native ardeur, féroce et caressante,
Peuple la chaude nuit d'un murmure obsédant.

Ce n'était pas mon droit de garder dans mon être
Un aspect plus divin de la création;
De savoir tout aimer, de pouvoir tout connaître
Par les secrets chemins de l'inspiration!

Ce n'était pas mon droit, aussi la destinée,
Comme un guerrier sournois, chaque jour, chaque nuit,
Attaquait de sa main habile et forcenée
Le sublime butin qui me comble et me nuit.

Mais venez, chère mort; mon âme vous appelle,
Asseyez-vous ici et donnez-moi la main.
Que votre bras soutienne un front longtemps rebelle,
Et recueille la voix du plus las des humains:

— Prenez ces yeux, emplis de vastes paysages,
Qui n'ont jamais bien vu l'exact et le réel,
Et qui, toujours troublés par de changeants visages,
Ont versé plus de pleurs que la mer n'a de sel.

Prenez ce cœur puissant qu'un faible corps opprime,
Et qui, heurtant sans fin ses étroites parois,
Eut l'attrait du divin et le pouvoir des cimes,
Et s'élevait aux cieux comme la pierre choit.

Ah! vraiment le tombeau qui dévore et qui ronge,
Le sol, tout composé d'étranges corrosifs,
L'ombre fade et mouillée où les racines plongent,
Le nid de la corneille au noir sommet des ifs,

Pourront-ils m'accorder cette paix sans seconde,
Sommeil que mon labeur tenace a mérité,
Et saurai-je, en mourant, restituer au monde
Ce grand abus d'amour, de rêve et de clarté?

Hélas! je voudrais bien ne plus être orgueilleuse,
Mais ce que j'ai souffert m'arrache un cri vainqueur.

Pour élancer encor ma voix tempétueuse
Il faudrait une foule, et qui n'aurait qu'un cœur!

SPERO DI MORIRE…

Spero di morire d'una morte lenta e forte,
che il mio spirito avvicinerà dolcemente
come si vede una suora socchiudere una porta,
venirvi a cercare e sorridere semplicemente.

Io le dirò: vieni, cara morte, ti amo,
dopo i miei lunghi lavori, ecco i tuoi nobili giochi.
Ho a lungo rifiutato il tuo supremo soccorso,
poiché se il corpo è stanco, lo spirito è coraggioso.

Ma vieni, libera un coraggio che si consuma,
abbrevia la lotta, restituisci all'universo
l'immensa poesia annebbiata e confusa
ove la mia anima e il mio corpo hanno tanto a lungo sofferto!

I torrenti di montagna, la sabbia bionda delle rive,
i vascelli cullati, l'Autunno nei boschi,
le bestie delle foreste, stupite e prigioniere,
meditano nel mio cuore e gemono in me!

Oh morte, lasciali fuggire verso la foresta possente,
Questi selvatici compagni del mio silenzio ardente!
Che il loro nativo ardore, feroce e carezzevole,
popoli la calda notte d'un mormorio ossessionante.

Non era mio diritto custodire dentro il mio essere
un aspetto più divino che la creazione;
sapere amare tutto, il poter conoscere tutto
attraverso i sentieri segreti dell'ispirazione!

Non era mio diritto, bensì destino,
che come un guerriero sornione, ogni giorno, ogni notte,
attaccava con mano abile e furiosa
il sublime bottino che mi colma e mi nutre.

Ma vieni, cara morte; la mia anima ti chiama,
siediti qui e dammi la mano.
Che il tuo braccio sostenga una fronte a lungo ribelle,
e raccogli la voce del più stanco degli umani:

– prendi questi occhi, pieni di vasti paesaggi,
che non hanno mai visto bene l'esatto e il reale,
e che, sempre turbati da mutevoli volti,
hanno versato più pianto di quanto sale c'è nel mare.

Prendi questo cuore potente che un debole corpo opprime,
e che, urtate senza sosta le sue strette pareti,
ha avuto il fascino del divino ed il potere delle vette,
e s'eleva ai cieli come la pietra cade.

Ah! Solamente la tomba che divora ed erode,
il suolo, tutto composto di strani corruttori,
l'ombra scialba e umida ove le radici s'immergono,
il nido della cornacchia alla nera sommità dei tassi,

potranno accordarmi questa pace senza pari,
sonno che il mio tenace lavoro ha meritato,
e saprò io, morendo, restituire al mondo
quel grande abuso d'amore, di sogno e di chiarezza?

Ahimè! Vorrei davvero non essere più orgogliosa,
ma ciò che ho sofferto mi strappa un grido vincitore.

Per lanciare ancora la mia voce tempestosa
ci vorrà una folla, e non avrà che un cuore!

QUE M'IMPORTE AUJOURD'HUI...

Que m'importe aujourd'hui qu'un monde disparaisse!
Puisque tu vis, le temps peut glacer les étés,
Rien ne peut me frustrer de la sainte allégresse
  Que ton corps ait été!

Même lorsque la mort finira mon extase,
Quand toi-même seras dans l'ombre disparu,
Je bénirai le sol qui fut le flanc du vase
  Où tes pieds ont couru!

–Tu viens, l'air retentit, ta main ouvre la porte,
Je vois que tout l'espace est orné de tes yeux,
Tu te tais avec moi, que veux-tu qu'on m'apporte,
  A moi qui suis le feu?

La nuit, je me réveille, et comme une blessure,
Mon rêve déchiré te cherche aux alentours,
Et je suis cet avare éperdu, qui s'assure
  Que son or luit toujours.

Je constate ta vie en respirant, mon souffle
N'est que la certitude et le reflet du tien,
Déjà je m'enfuyais de ce monde où je souffre,
  C'est toi qui me retiens.

Parfois je t'aime avec un silence de tombe,
Avec un vaste esprit, calme, tiède, terni,
Et mon cœur pend sur toi comme une pierre tombe
  Dans le vide infini!

J'habite un lieu secret, ardent, mystique et vague
Où tout agit pour toi, où mon être est néant;
Mais le vaisseau alerte est porté par la vague,
  Je suis ton Océan!

Autrefois, étendue au bord joyeux des mondes,
Déployée et chantant ainsi que les forêts,
J'écoutais la Nature, insondable et féconde,
  Me livrer des secrets.

Je me sentais le cœur qu'un Dieu puissant préfère,
L'anneau toujours intact et toujours traversé
Qui joint le cri terrestre aux musiques des sphères,
  L'avenir au passé.

A présent je ne vois, ne sens que ta venue,
Je suis le matelot par l'orage assailli
Qui ne regarde plus que le point de la nue
  Où la foudre a jailli!

– Je te donne un amour qu'aucun amour n'imite,
Des jardins pleins du vent et des oiseaux des bois,
Et tout l'azur qui luit dans mon cœur sans limites,
  Mais resserré sur toi.

Je compte l'âge immense et pesant de la terre
Par l'escalier des nuits qui monte à tes aïeux,
Et par le temps sans fin où ton corps solitaire
  Dormira sous les cieux.

C'est toi l'ordre, la loi, la clarté, le symbole,
Le signe exact et bref par qui tout est certain,

Qui dans mon triste esprit tinte comme une obole,
  Au retour du matin.

– J'ai longtemps repoussé l'approche de l'ivresse,
L'encens, la myrrhe et l'or que portaient les trois rois;
Je disais: «Ce bonheur, s'il se peut, ô Sagesse,
  Qu'il passe loin de moi!

Qu'il passe loin de moi cet odorant calice;
Même en mourant de soif, je peux le refuser,
Si la consomption, les orgueils, le cilice
  Protègent du baiser.»

– Mais le Destin, pensif, alourdi, plein de songes,
M'indiquait en riant mon martyre ébloui.
L'avenir aimanté déjà vers nous s'allonge,
  Tout ce qui vit dit oui.

Tout ce qui vit dit: Prends, goûte, possède, espère,
Ta conscience aussi trouvera bien son lot,
Car l'amour, radieux comme un verger prospère,
  Est gonflé de sanglots:
De sanglots, de soupirs, de regrets et de rage
Dont il faut tout subir. Quelque chose se meurt
Dans l'empire implacable et sacré du courage,
  Quand on fuit le bonheur!

Et je disais: «Seigneur, ce bien, ce mal suprême,
Ma chaste volonté ne veut pas le saisir,
Mais mon être infini est autour de moi-même
  Un cercle de désir;

Des générations, des siècles, des mémoires
Ont mis leur espérance et leur attente en moi;
Je suis le lieu choisi où leur mystique histoire
     Veut périr sur la croix.»

Une âpre, une divine, une ineffable étreinte,
Un baiser que le temps n'a pas encor donné
Attendait, pour jaillir hors de la vaste enceinte,
     Que mon désir fût né.

Dans les puissants matins des émeutes d'Athènes
Ainsi courait un peuple ivre, agile, enflammé,
Que la Minerve d'or, debout sur les fontaines,
     Ne pouvait pas calmer...

– J'accepte le bonheur comme une austère joie,
Comme un danger robuste, actif et surhumain;
J'obéis en soldat que la Victoire emploie
     A mourir en chemin:
Le bonheur, si criblé de balles et d'entailles,
Que ceux qui l'ont connu dans leur chair et leurs os
Viennent rêver le soir sur les champs de bataille
     Où gisent les héros...

CHE MI IMPORTA OGGI…

Che mi importa oggi che un mondo scompaia!
Poiché tu vivi, il tempo può gelare le estati,
nulla mi può defraudare della santa allegrezza
    che il tuo corpo è stato!

Lo stesso quando la morte terminerà la mia estasi,
quando tu stesso sarai sparito nell'ombra,
io benedirò il sole che fu il fianco della giara
    dove i tuoi piedi hanno corso!

–Tu giungi, l'aria risuona, la tua mano apre la porta,
vedo che tutto lo spazio è ornato dai tuoi occhi,
con me taci, cosa vuoi che mi si porti,
    a me che sono il fuoco?

La notte, mi sveglio, e come una ferita,
il mio sogno spezzato ti cerca d'intorno,
e io sono quell'avaro dissennato, che si assicura
    che il suo oro brilli ogni giorno.

Io constato la tua vita respirando, il mio alito
non è che la certezza ed il riflesso del tuo,
già fuggirei da questo mondo dove soffro,
    sei tu che mi trattieni.

A volte ti amo con un silenzio di tomba,
con un ampio spirito, calmo, tiepido, appannato,
ed il mio cuore precipita sul tuo come una pietra cade
    nel vuoto infinito!

Io abito un luogo segreto, ardente, mistico e indefinito
dove tutto è per te, dove il mio essere è nulla;
ma lo svelto vascello è portato dall'onda,
    sono io il tuo Oceano!

Un tempo, stesa al bordo gioioso dei mondi,
distesa e cinguettante così come le foreste
ascoltavo la Natura, insondabile e feconda,
    svelarmi dei segreti.

Mi sentivo il cuore che un Dio possente preferisce,
l'anello sempre intatto e sempre attraversato
che lega il grido terrestre alla musica delle sfere,
    l'avvenire al passato.

Adesso non vedo, non sento che la tua venuta,
sono un marinaio investito dalla tempesta
che non guarda più che la punta della nuvola
    da dove il fulmine saetta!

– Io ti dono un amore che non imita alcun amore,
come giardini pieni di vento e di uccelli dei boschi,
e tutto l'azzurro che riluce nel mio cuore senza limiti,
    ma richiuso su di te.

Io conto l'età immensa e pesante della terra
sulla scala delle notti che sale ai tuoi avi,
e nel tempo senza fine dove il tuo corpo solitario
    dormirà sotto i cieli.

Sei tu l'ordine, la legge, la chiarezza, il simbolo,
il segno esatto e breve per il quale tutto è certo,

che nel mio triste spirito tintinna come un obolo,
al ritorno del mattino.

– Ho a lungo respinto il richiamo dell'ebbrezza,
l'incenso, la mirra e l'oro che i tre re portavano;
dicevo: "Questa felicità, se possibile, o Saggezza,
che passi lontano da me!

Che passi lontano da me questo fragrante calice;
anche se muoio di sete, lo posso rifiutare,
Così la consunzione, le vanità, il cilicio
proteggono dall'amare".

– Ma il Destino, pensieroso, appesantito, pieno di sogni,
m'indicava ridendo il mio martirio accecato.
L'avvenire calamitato già si allunga verso noi,
tutto quel che vive dice sì.

Tutto quel che vive dice: prendi, gusta, possiedi, spera,
anche la tua coscienza avrà il suo premio,
giacché l'amore, radioso come un frutteto prospero,
è gonfio di singhiozzi:
Di singhiozzi, di sospiri, di rimpianti e di rabbia
di cui occorre sopportare tutto. Qualcosa muore
nell'impero implacabile e sacro del coraggio,
quando si sfugge la felicità!

E io dicevo: "Signore, questo bene, questo male supremo,
la mia casta volontà non lo vuole cogliere,
ma il mio essere infinito è attorno a me stessa
un cerchio di desiderio;

Generazioni, secoli, memorie
hanno posto la loro speranza e la loro attenzione in me;
io sono il luogo scelto dove la loro mistica storia
    vuole perire sulla croce:"

Un'aspra, una divina, un'ineffabile stretta,
un bacio che il tempo non ha ancora dato
attendeva, per scaturire fuori l'ampia cinta,
    che il mio desiderio fosse nato.

Nelle possenti mattine delle rivolte d'Atene
così correva un popolo ebbro, agile, infiammato,
che la Minerva d'oro, ritta sulle fontane,
    non poteva calmare…

– Io accetto la felicità come un'austera gioia,
come un pericolo vigoroso, attivo e sovrumano;
obbedisco da soldato che la Vittoria impiega
    per morire sul suo cammino:
La felicità, così crivellata da proiettili e ferite,
e quelli che l'hanno conosciuta nella loro carne e nelle loro ossa
vengono a sognare la sera sui campi di battaglia
    ove giacciono gli eroi…

JE DORMAIS, JE M'EVEILLE...

Je dormais, je m'éveille, et je sens mon malheur.
– Comme un coup de canon qu'on tire dans le cœur,
Vous éclatez en moi, douleur retentissante!

Un instant de sommeil est un faible rempart
Contre la Destinée, assurée et puissante.

Ne verrai-je jamais vos fraternels regards,
N'entendrai-je jamais votre voix rassurante?
Quoi! Même avant la mort, il est de tels départs?
Qui parle en moi? Mon corps, mes pensers sont épars.
Je ne distingue plus ma chambre familière;
Peut-être ma raison a perdu sa lumière?
Un aussi grand chagrin n'est pas net aussitôt;
J'essaierai, mais pourrai-je accepter ce fardeau?

Que seront mes repos, que seront mes voyages
Si je ne vois jamais l'air de votre visage?
Mon esprit, comme une âpre et morne éternité,
Embrasse un monde mort, des astres dévastés.
Je ne peux plus savoir, tant ma vie est exsangue,
Si c'est vous, ou si c'est l'univers qui me manque.
Et même en songe, dans la pensive clarté,
Je me débats encor pour ne pas vous quitter...

DORMIVO, MI SVEGLIO…

Dormivo, mi sveglio, e sento la mia sciagura.
 – come il colpo di un cannone sparato nel cuore,
tu rifulgi in me, dolore fragoroso!

Un istante di sonno è un fragile baluardo
contro il Destino, sicuro e potente.

Non vedrò mai il tuo sguardo fraterno,
sentirò mai la tua voce rassicurante?
Cosa! Anche prima della morte, vi sono simili divisioni?
Chi parla in me? Il mio corpo, i miei pensieri sono sparsi.
Non distinguo più la mia stanza familiare;
può essere che la mia ragione ha perso la sua luce?
Un così grande dispiacere non è subito nitido;
proverò, ma potrò mai accettare questo fardello?

Cosa saranno i miei riposi, cosa saranno i miei viaggi
se non vedrò mai l'espressione del tuo viso?
Il mio spirito come un'aspra e tetra eternità,
abbraccia un mondo morto, di astri devastati.
Io non posso più sapere, tanto la mia vita è esangue,
se sei tu o se è l'universo che mi manca.
Ed anche in sogno, nella pensosa chiarezza,
io mi dibatto ancora per non lasciarti…

ON NE PEUT RIEN VOULOIR...

On ne peut rien vouloir, mais toute chose arrive,
Je ne vous aime pas aujourd'hui tant qu'hier,
Mon cœur n'est plus une eau courant vers votre rive,
Mes pensers sont en moi moins divins, mais plus fiers.

Je sais que l'air est beau, que c'est le temps qui brille,
Que la clarté du jour ne me vient pas de vous,
Et j'entends mon orgueil qui me dit: «Chère fille,
Je suis votre refuge éternel et jaloux.

«Quoi, vous vouliez trahir le désir et l'attente?
Vous vouliez étancher votre soif d'infini?
Vous, reine du désert, qui dormez sous la tente,
Et dont le cœur vorace est toujours impuni?

«Vous qui rêviez la nuit comme un palmier d'Afrique
A qui le vaste ciel arrache des parfums,
Vous avez souhaité cet humble amour unique
Où les pleurs consolés tarissent un à un!

«Vous avez souhaité la tendresse peureuse,
L'élan et la stupeur de l'antique animal;
On n'est pas à la fois enivrée et heureuse,
L'univers dans vos bras n'aura pas de rival;

«Comme le Sahara suffoqué par le sable
Vous brûlerez en vain, sans qu'un limpide amour
Verse à votre chaleur son torrent respirable,
Et vous donne la paix que vous fuiriez toujours...»

– Et, tandis que j'entends cette voix forte et brève,
Je regarde vos mains, en qui j'ai fait tenir
Le flambeau, la moisson, l'évangile et le glaive,
Tout ce qui peut tuer, tout ce qui peut bénir.

Je regarde votre humble et délicat visage
Par qui j'ai voyagé, vogué, chanté, souffert,
Car tous les continents et tous les paysages
Faisaient de votre front mon sensible univers.

– Vous n'êtes plus pour moi ces jardins de Vérone
Où le verdâtre ciel, gisant dans les cyprès,
Semble un pan du manteau que la Vierge abandonne
A quelque ange éperdu qui le baise en secret.

Vous n'êtes plus la France et le doux soir d'Hendaye,
La cloche, les passants, le vent salé, le sol,
Toute cette vigueur d'un rocher qui tressaille
Au son du fifre basque et du luth espagnol;

Vous n'êtes plus l'Espagne, où, comme un couteau courbe
Le croissant de la lune est planté dans le ciel,
Où tout a la fureur prompte, funèbre et fourbe
Du désir satanique et providentiel.

Vous n'êtes plus ces bois sacrés des bords de l'Oise,
Ce silence épuré, studieux, musical,
Ce sublime préau monastique, où l'on croise
Le songe d'Héloïse et les yeux de Pascal.

Vous n'êtes plus pour moi les faubourgs du Bosphore
Où le veilleur de nuit, compagnon des voleurs,

Annonce que le temps coule de son amphore
Pesant comme le sang et chaud comme les pleurs.

– Ces soleils exaltés, ces œillets, ces cantiques,
Ces accablants bonheurs, ces éclairs dans la nuit,
Désormais dormiront dans mon cœur léthargique
Qui veut se repentir autant qu'il vous a nui;

Allez vers votre simple et calme destinée;
Et comme la lueur d'un phare diligent
Suit longtemps sur la mer les barques étonnées,
Je verserai sur vous ma lumière d'argent...

SI PUÒ VOLER NULLA

Si può voler nulla, ma tutto arriva,
io oggi non ti amo tanto quanto ieri,
il mio cuore non è più un'acqua che corre verso la tua riva
i miei pensieri sono in me meno divini, ma più fieri.

Io so che l'aria è bella, che è il tempo che brilla,
che il chiarore del giorno non mi giunge da te,
e sento il mio orgoglio che mi dice: «mia cara fanciulla,
« io sono il tuo rifugio eterno e geloso.

« Che, vuoi forse tradire il desiderio e l'attesa?
Vuoi estinguere la tua sete d'infinito?
Tu, regina del deserto, che dormi sotto la tenda
il cui cuore vorace è ancora impunito?

« Tu che sognavi la notte come un palmizio d'Africa
a cui il vasto cielo spilla profumi,
ti sei augurata questo modesto e unico amore
ove le lacrime consolate inaridiscono una a una!

« Tu hai desiderato la tenerezza impaurita,
lo slancio e lo stupore dell'antico animale;
non puoi essere al contempo ebbra e felice,
l'universo tra le tue braccia non avrà rivali;

« come il Sahara soffocato dalla sabbia
brucerai invano, senza che un limpido amore
versi sul tuo calore il suo torrente respirabile
e ti doni la pace che sempre rifuggi…"

– E, mentre ascolto questa voce forte e concisa,
guardo le tue mani, nelle quali ho fatto tenere
la fiaccola, le messi, il Vangelo e la spada,
tutto ciò che può uccidere, tutto ciò che può benedire.

Guardo il tuo viso umile e delicato
per cui ho viaggiato, navigato, cantato, sofferto,
perché tutti i continenti e tutti i paesaggi
facessero della tua fronte il mio delicato universo.

– Tu non sei più per me quel giardino di Verona
dove il cielo verdastro, adagiato tra i cipressi,
sembra un lembo del manto che la Vergine abbandona
a qualche angelo perduto che la bacia in segreto.

Tu non sei più la Francia e la dolce sera d'Hendaye[1],
la campana, i passanti, il vento salmastro, la terra,
tutto il vigore d'uno scoglio che freme
al suono del piffero basco e del liuto spagnolo;

Non sei più la Spagna, dove, come un coltello ricurvo
la luna crescente è piantata nel cielo,
ove tutto ha il furore improvviso, funereo e subdolo
del desiderio satanico provvidenziale.

Tu non sei più quei boschi sacri delle rive dell'Oise
quel silenzio purificato, studioso, musicale,

[1] **Hendaye** (Hendaia in lingua basca) è un comune francese di 12.596 abitanti situato nel dipartimento dei Pirenei atlantici nella regione dell'Aquitania, confinante con la spagnola Irun.

quel sublime cortile monastico, dove s'incrociano
il sogno d'Heloisa e gli occhi di Pascal.

Tu non sei più per me i sobborghi del Bosforo
dove il guardiano notturno, compagno dei ladri,
annuncia che il tempo cola dalla sua anfora
pesante come sangue e caldo come le lacrime.

– Quei girasoli esaltati, quei garofani, quei cantici
quella felicità opprimente, quei lampi nella notte
d'ora in poi dormiranno nel mio cuore letargico
che si vuole pentire tanto quanto ti ha nuociuto;

Và verso il tuo semplice e calmo destino;
e come il bagliore di un faro diligente
segue a lungo sul mare le barche attonite,
verserò su di te la mia luce d'argento…

UN JOUR, ON AVAIT TANT SOUFFERT...

Un jour, on avait tant souffert, que le cœur même,
Qui toujours rebondit comme un bouclier d'or,
Avait dit: «Je consens, pauvre âme et pauvre corps,
A ce que vous viviez désormais comme on dort,
A l'abri de l'angoisse et de l'ardeur suprême...»

Et l'on vivait; les yeux ne reconnaissaient pas
Les matins, la cité, l'azur natal, le fleuve;
Toute chose semblait à la fois vieille et neuve;
Sans que le pain nourrisse et sans que l'eau abreuve
On respirait pourtant, comme un feu mince et bas.
Et l'on songeait: du moins, si rien n'a plus sa grâce,
Si ma vie arrachée a rejoint dans l'espace
Le morne labyrinthe où sont les Pharaons;
Si je suis étrangère à ma voix, à mon nom;
Si je suis, au milieu des raisins de l'automne,
Un arbre foudroyé que la récolte étonne,
Je ne connaîtrai plus ces supplices charnels
Qui sont, de l'homme au sort, un reproche éternel.
Calme, lasse, le cœur rompu comme une cible,
J'entrerai dans la mort comme un hôte insensible...

– Mais les fureurs, les pleurs, les cris, le sang versé,
Les sublimes amours qui nous ont harassés,
Les fauves bondissants, témoins de nos délires,
Ont suivi lentement le doux chant de la lyre
Jusque sur la montagne où nous nous consolions;
Les voici remuants, les chacals, les lions
Dont la soif et la faim nous font un long cortège...
– J'avais cru, mon enfant, que le passé protège,

Que l'esprit est plus sage et le cœur plus étroit,
Que la main garde un peu de cette altière neige
Que l'on a recueillie aux sommets purs et froids
Où plane un calme oiseau plus léger que le liège.
Mais hélas! quel orage étincelant m'assiège?
Lourde comme l'Asie et ses palais de rois,
Je suis pleine de force et de douleur pour toi!

UN GIORNO, AVEVAMO TANTO SOFFERTO...

Un giorno, avevamo tanto sofferto, che il cuore stesso,
che sempre sobbalza come uno scudo d'oro,
aveva detto: "Io concedo, povera anima e povero corpo,
che voi viviate d'ora in poi come si dorme,
al riparo dall'angoscia e dall'ardore supremo..."

E vivevamo; gli occhi non riconoscevano
i mattini, la città, il natìo azzurro, il fiume;
tutte le cose sembravano insieme vecchie e nuove;
senza che il pane nutrisse e senza che l'acqua dissetasse
eppure respiravamo, come un fuoco esile e basso.
E sognavamo: almeno, se nulla ha più la sua grazia,
se la mia vita lacerata si è congiunta nello spazio
al lugubre labirinto dove sono i Faraoni;
se sono estranea alla mia voce, al mio nome;

se sono nel mezzo dei grappoli dell'autunno,
un albero folgorato che la vendemmia stupisce,
non conoscerò più quei supplizi carnali
che sono, dell'uomo al destino, un eterno rimprovero.
Calma, stanca, il cuore forato come un bersaglio,
entrerò nella morte come un ospite insensibile...

– Ma le furie, i pianti, le urla, il sangue versato,
i sublimi amori che ci hanno sfiniti,
le belve ansanti, testimoni dei nostri deliri,
hanno seguito lentamente il dolce canto della lira
fino sulla montagna dove noi ci consoliamo;
eccoli dibattersi, gli sciacalli, i leoni
della cui sete e fame noi facciamo un lungo corteo...

– Avevo creduto, bambino mio, che il passato protegge,
che lo spirito è più saggio e il cuore più gretto,
che la mano conserva un po' di quella altera neve
che si raccoglie sulle cime pure e fredde
dove plana un calmo uccello più leggero del sughero.
Ma ahimé! Quale bufera sfavillante m'assedia?
Pesante come l'Asia e i suoi palazzi di re
sono piena di forza e di dolore per te!

JE ME DEFENDS DE TOI...

Je me défends de toi chaque fois que je veille,
J'interdis à mon vif regard, à mon oreille,
De visiter avec leur tumulte empressé
Ce cœur désordonné où tes yeux sont fixés.
J'erre hors de moi-même en négligeant la place
Où ton clair souvenir m'exalte et me terrasse.
Je refuse à ma vie un baume essentiel.
Je peux, pendant le jour, ne pas goûter au miel
Que ton rire et ta voix ont laissé dans mon âme,
Où la plaintive faim brusquement me réclame...
– Mais la nuit je n'ai pas de force contre toi,
Mon sommeil est ouvert, sans portes et sans toit.
Tu m'envahis ainsi que le vent prend la plaine.
Tu viens par mon regard, ma bouche, mon haleine
Par tout l'intérieur et par tout le dehors.
Tu entres sans débats dans mon esprit qui dort.
Comme Ulysse, pieds nus, débarquait sur la grève;
Et nous sommes tout seuls, enfermés dans mon rêve.
Nous avançons furtifs, confiants, hasardeux,
Dans un monde infini où l'on ne tient que deux.
Un mur prudent et fort nous sépare des hommes,
Rien d'humain ne pénètre aux doux lieux où nous sommes.
Les bonheurs, les malheurs n'ont plus de sens pour nous;
Je recherche la mort en pressant tes genoux,
Tant mon amour a hâte et soif d'un sort extrême,
Et tu n'existes plus pour mon cœur, tant je t'aime!
Mon vertige est scellé sur nous comme un tombeau.
– Ce terrible moment est si brûlant, si beau,
Que lorsque lentement l'aube teint ma fenêtre,
C'est en me réveillant que je crois cesser d'être...

MI DIFENDO DA TE...

Mi difendo da te ogni volta che veglio,
proibisco al mio sguardo vivo, al mio orecchio,
di visitare con il loro premuroso tumulto
questo cuore disordinato dove sono fissati i tuoi occhi.
Erro fuori di me trascurando il luogo
dove il tuo chiaro ricordo mi esalta e mi abbatte.
Rifiuto alla mia vita un balsamo essenziale.
Io posso, durante il giorno, non gustare il miele
che il tuo riso e la tua voce hanno lasciato nella mia anima,
dove la lamentosa fame bruscamente mi reclama...
– Ma la notte non ho forza contro di te,
il mio sonno è aperto, senza porte e senza tetto.
Tu mi invadi così come il vento prende la pianura.
Giungi dal mio sguardo, dalla mia bocca, dal mio alito
da tutto l'interno e da tutto l'esterno.
Entri senza discutere nel mio spirito che dorme.
Come Ulisse, i piedi nudi, sbarcò sulla riva;
e noi siamo così soli, rinchiusi nei miei sogni.
Avanziamo furtivi, fiduciosi, audaci
in un mondo dove uno non può essere due.
Un muro avveduto e forte ci separa dagli uomini
nulla d'umano penetra nel dolce luogo dove siamo.
Le gioie le infelicità non hanno più senso per noi;
io cerco la morte stringendomi alle tue ginocchia,
tanto la mia anima anela ed è assetata d'un fato estremo,
e non esisti più per il mio cuore tanto t'amo!
La mia vertigine ci sigilla come una tomba.
– Questo terribile momento è così ardente, così bello,
che quando lentamente l'alba tinge la mia finestra,
è risvegliandomi che credo di cessare d'esistere.

Ritratto di Philip Alexius de László

Anna, Marchesa Mathieu de Noailles

(nata Anna Elisabeth Bibesco-Bassaraba, Princess de Branco-
van)

La contessa Anna de Noailles (1876 – 1933) nata a Parigi, discendente dalla famiglia di nobili rumeni Bibescu e Craiovești è la figlia del principe Grégoire Bibesco-Bassaraba, figlio del principe Gheorghe Bibesco de Brancovan e Zoe Brâncoveanu. Sua madre è la celebre pianista greca Raluka (Rachel) Musurus, a cui il compositore Ignacy Paderewski dedicò numerose composizioni. Nel 1897, sposa Mathieu de Noailles (1873-1942), quarto figlio del settimo duca de Noailles. La coppia fece parte dell'alta società parigina dell'epoca, ebbero solo un figlio, il conte Anne Jules de Noailles.

Anna de Noailles è stata una delle figure più importanti nel panorama letterario francese all'inizio del ventesimo secolo. Donna di mondo, essa brillava per la sua arte di ricevere gli ospiti nei suoi salotti, frequentati da personalità quali Colette, Jean Cocteau, Mauriac ed altri, inoltre coltivava amicizie illustri con Maurice Barrés, Marcel Proust e Paul Valéry. Molto ammirata dagli scrittori, dagli uomini politici e da persone del mondo della cultura per il suo genio poetico, la contessa de Noailles aveva il fascino di « una principessa greca, (…) che sembrava discendere direttamente dal Monte Parnaso col tripode della Pizia per pronunciare i suoi oracoli ». Il ritratto di Alexius de Laszlo ci rivela l'immagine di una donna affascinante, dal profilo persiano e marcatamente orientale.

Anna de Noailles si dedica fin da giovane allo scrivere versi; di volta in volta subisce l'influenza dei Parnassiani, di Musset, di Maurice Barrés, ma soprattutto di Victor Hugo il cui genio la ammalia. Le sue opere non contano meno di diciotto titoli, di cui otto opere sono in versi (le ultime due pubblicate postume), e tre romanzi a tendenza autobiografica. Nel 1901 pubblica la sua prima raccolta di poemi, «Le cœur innombrable», che ricevette un'entusiastica accoglienza e conobbe un notevole successo. Ella si impose al pubblico come la «Musa dei giardini», successore al femminile di Victor Hugo. I versi contenuti in questa raccolta testimoniano già la sensibilità, la malinconia e il gusto per la voluttà che saranno ancor meglio evidenti con le opere seguenti.

Incoronata dall'Academie Française avrà una celebrità che non l'abbandonerà sino alla morte sopraggiunta il 30 aprile 1933. La contessa de Noailles fu la prima donna a ricevere la «Cravate de commandeur de la légion d'honneur» diventando così una sorta di personaggio ufficiale. Fu anche la prima donna ad essere ricevuta nell'Accademia Reale di Lingua e Letteratura del Belgio. Inoltre nel 1904, con altre due donne celebri, Mme Alphonse Daudet et Judith Gautier (la figlia di Théophile Gautier), Anna de Noailles creò il premio "Vie Heureuse", dall'omonima rivista, che diventerà nel corso degli anni il Prix Fémina, la cui giuria, esclusivamente femminile, premia ogni anno la migliore opera francese, scritta in prosa o in versi.

Il suo stato di salute comincia ad aggravarsi a partire dal 1912 e i suoi ultimi scritti perdono il lirismo ispirato dalla natura e la prosa assume i colori di una melancolia dovuta alla morte

Alla sua morte venne sepolta al cimitero du Père-Lachaise a Parigi, ma il suo cuore riposa nel cimitero di Amphion-les-Bains.

BIBLIOGRAFIA

Le Cœur innombrable (1901)

L'Ombre des jours (1902)

La Nouvelle Espérance (1903)

Le Visage émerveillé (1904)

La Domination (1905)

Les Éblouissements (1907)

Les Vivants et les morts (1913)

De la rive d'Europe à la rive d'Asie (1913)

Les Forces éternelles (1920)

À Rudyard Kipling (1921)

Discours à l'Académie belge (1922)

Les Innocentes, ou la Sagesse des femmes (1923)

Poème de l'amour (1924)

Passions et vanités (1926)

L'Honneur de souffrir (1927)

Poèmes d'enfance (1929)

Choix de poésies (1930)

Le Livre de ma vie (1932)

Derniers Vers (1933)

Derniers Vers et Poèmes d'enfance (1934)

NOTE SULL'AUTORE

(Tradate 1966) A lungo si è coricato di buon'ora, tant'è che quando ha incontrato Proust se n'è lasciato subito rapire e n'è nato un amore per certi versi simbiotico e smodato che continua tutt'ora. Tra le due passioni della sua vita, la tavola e le lettere, ha scelto la prima per sostentamento materiale e la seconda per quello del cuore. Con Roberto Maggiani ha fondato la rivista letteraria libera LaRecherche.it. Ama leggere e talvolta tradurre dal francese, in particolare la poetessa Anna de Noailles, sue traduzioni sono pubblicate sulle riviste "Testo a Fronte", "Poeti e Poesia", "L'immaginazione", "Le reti di Dedalus", "Formafluens" e "LaRecherche.it". Difficilmente si lascia andare allo scrivere, ha tuttavia pubblicato due ebook di racconti: "Ricette in brevi storie" e "Luoghi comuni". Ha curato le antologie: "Le vie di Marcel Proust", "Conversazioni con Proust", "Da Illiers a Cabourg", "Salon Proust", "L'Orto Botanico di Monsieur Proust", "Una cena al Ritz" e "Treni"; in generale quel mare agitato che garrisce sotto le insegne della narrativa e lambisce il quieto porto de LaRecherche.it passa sotto il suo binocolo scrutatore. Il suo sito è www.giulianobrenna.it

[Nel fulcro della assoluta cecità, la perspicacia sussiste nella forma stessa della predilezione e della tenerezza]

Web: _www.giulianobrenna.it_
E-mail: _giuliano.brenna@larecherche.it_

INDICE

Printed in Great Britain
by Amazon

59597416R00043